Dies und das
Gedichte von Olaf Mai

Dies und das

Gedichte von Olaf Mai

Rediroma-Verlag

Bibliografische Information der Deutschen Nationalbibliothek:
Die Deutsche Nationalbibliothek verzeichnet diese Publikation in der Deutschen Nationalbibliografie; detaillierte bibliografische Daten sind im Internet über http://portal.dnb.de abrufbar.

ISBN 978-3-96103-676-9

www.rediroma-verlag.de
7,95 Euro (D)

Inhalt

Anstelle eines Vorwortes

Gedichte

G edichte haben ihre Vorgeschichte.
E in Gedanke hebt sich aus ihr hervor,
D unkel erst, dann im hellen Lichte.
I mmer wieder klingt er auch im Ohr.
C orinnas Stimme flüsterte ihn ein.
H at berührt mich wie der Muse Kuss.
T agelang fiel mir nichts andres ein.
E in Reim entstand daraus zum Schluss.

Meine Muse

Dunkel ist die Nacht wie eine Druse.
Einfälle schenkt mir meine Muse.
Selbst bei des Tages Licht ,
Ohne Anlass kein Gedicht.
Ich schmuse so gern mit meiner Muse.

Immer das Selbe

Original fahr hin in deiner Pracht.
Wer kann was Dummes,
wer kann was Kluges denken,
Was nicht die Vorwelt schon gedacht.

Einst schrieb Goethe diese Zeilen nieder.
Sie bestätigen sich immer wieder.
Nur beim Forschen und Erfinden
neue Gedanken sind zu finden.

Selbst wenn im normalen Menschenleben
die Gedanken einmal in die Höhe schweben
gelten Goethes Worte uneingeschränkt,
auch wenn das viele Menschen kränkt.

Moderne Menschen denken, wie die alten,
wenn sie ihre Kunst gestalten.
Die Vorfahren haben es beschrieben.
Die Zeitgenossen sind dabei geblieben.

Immer die gleichen Fragen.
Immer die gleichen Antworten.
Immer die gleichen Konflikte.
Immer die gleichen Konfliktlösungen.

Doch:
Niemals Antworten die befriedigen.
Und darauf einen Eid:
Niemals Konfliktlösungen ohne Leid.

Frau und Mann

Wenn sie ganz eng beieinander stehen
wolln sie nicht mehr auseinandergehen.
Das hat geschafft die Anziehungskraft.
Frau und Mann, wie Magneten zieh´n sie sich an.

Du und ich

Schön ist:
Wenn du bei mir bist.
Mein größter Kummer ist:
Wenn du traurig bist.
Meine größte Freude ist:
Wenn du glücklich bist.

Bei dir

Bei dir möchte ich sein für immer.
Dich verlassen möchte ich nimmer.
Egal was wir auch machen,
Alltägliches oder besondere Sachen
über allem liegt ein glücklicher Schimmer.

Zwiesprache

Ein Tag ist vergangen,
die Zeit ist gefangen
in der Erinnerung nur.
Es ist wie ein Schwur.

Mich erinnern,
möchte ich gern.
Aber nur an das Schöne,
wonach ich mich sehne.

Das Schönste bist du.
Was sagst du dazu?
Du sagst, das Schönste sei ich,
denn auch du liebst mich.

So geht es hin und her,
Denn wir beide lieben uns sehr.

Dich möchte ich

Dich möchte ich mit allen meinen Sinnen spüren,
Dich sehen, hören, riechen, schmecken und berühren.

Mit meinen Händen deine Haut berühren
und dabei deine Wärme spüren.
Dich mit meinen Augen sehen
und dabei vor Glück vergehen.

Dich mit meinen Ohren hören,
wenn deine Worte mich betören.
Empfinden deinen Duft in meiner Nase
Wie den der Blumen in der Vase.

Dich mit meiner Zunge schmecken,
als würd ich Süßigkeiten schlecken.
Dich sollen alle meine Sinne fühlen,
um mich ganz innen aufzuwühlen.

Du allein sollst mich verführen,
denn niemals will ich dich verlieren.
In meinem Herzen will ich dich bewahren
auch noch in vielen, vielen Jahren.

Du bist alles für mich

Du bist am Tag wie die Sonne für mich.
Du bist in der Nacht das Licht für mich.
Du bist auf der Reise das Ziel für mich.
Du bist die Erfüllung der Liebe für mich.
Du bist die allerliebste Frau für mich.
Du bleibst immer die Sehnsucht für mich.

Hingegossen

Nachdem das Schönste wir genossen,
liegst du entspannt, wie hingegossen
von meinen Armen fest umschlossen.

An dich erinnern mich

Der Sternenhimmel, unter dem wir die Nacht verbracht,
der Sonne heller Schein in dem ich an dich gedacht.

Der Parkplatz, auf dem wir mit dem Auto standen,
als unsere Münder sich zum Kusse fanden.

Das Parkhaus, in dem wir lange Stunden blieben,
um uns ganz innig dort zu lieben.

Die Straßen, auf denen wir gemeinsam fuhren,
um in unser Domizil zu touren.

Kurz, alle Orte, an denen wir gemeinsam waren,
um unsere Liebe zu erleben, zu erfahren.

An deiner Seite

In deiner Nähe fühle ich mich wohl.
Das ist für meine Liebe ein Symbol.

Schon wenn ich dich sehe,
ich schier vor Glück vergehe.
Wenn wir uns küssen dann,
halte ich den Atem an.
Wenn ich dich fühle in meinem Arm,
wird mir ums Herz so warm.
Wenn wir verschmelzen zu einem Stück,
zerspringt mir das Herz vor lauter Glück.
Dann fühlen wir als Einheit,
der Liebe ganze Reinheit.

Selbst wenn ich dich streichle nur
ist das für mich Vergnügen pur.
Wenn ich leise spreche mit dir
oder nur ganz still sitze neben dir,
ist es so friedlich und es geht mir so gut.
Du glaubst nicht, wie wohl mir das tut.
Erleben die Gemeinsamkeit,
beglückend ist die Zweisamkeit.

Zeitlosigkeit

Wenn ich an deiner Seite liege
und mich an deinen Körper schmiege
vergess ich all mein Leid,
vergesse meine Einsamkeit.

Genieß ich dann die Zweisamkeit
spielt keine Rolle mehr die Zeit.
Dies wunderbare Glück zu zweit
durchweht ein Hauch von Ewigkeit

Liebe

Zufällig hat es angefangen
mit dem üblichen Verlangen.
Mit der Zeit entdeckte ich an dir
was gefällt noch heute mir.
Deine mädchenähnelnde Figur
erfordert keine Schlankheitskur.
Dieses wahrlich schöne Sein
kleidest du geschmackvoll ein.
Dein Wesen ist so freundlich.
Deine Hände sind so zärtlich.
Du fühlst dich an so weich.
Ich fühl mich wie im Himmelreich.
Wenn ich mal traurig bin und weine
verstehst du mich wie Keine.
Falls wir gemeinsam weinen
kann das nur unsre Liebe einen.
Dein immer kluger Rat
wird oft zu meiner Tat.
Über viele, viele Sachen
können wir gemeinsam lachen.
Das Alles tötet jeden Frust
und erfüllt mein Herz mit Lust.
Wunderbar ist die Gemeinsamkeit
und die mit dir verbrachte Zeit.

Begegnung

Ein schönes Mädchen sah ich gehen.
Ein Blick, ein Lächeln,
ich blieb nicht stehen.
Ich ging weiter.
Etwas heiter.

Gebraucht

Ein alter Mann, schon viel gebraucht,
hat auch an Kraft sehr viel verbraucht.
Die Freude am Lieben
ist ihm geblieben.
Noch hat er sein Leben nicht ausgehaucht.

Der Reikikreis

Bildet einen Kreis.
Darin schmilzt das Eis
der Einsamkeit
und ihr erlebt Gemeinsamkeit.

Haltet eure Hände,
dann hat die Einsamkeit ein Ende.
Spürt die Reikikraft
wie sie Freude schafft.

Trefft euch im Reigen.
Beendet Eurer Seele Schweigen.
Lasst Gefühl entstehen,
dann wird es geschehen:

Eure Seele wird fliegen,
Ungemach besiegen
und auf heiligen Schwingen
mit Reiki die Einheit erringen.

Die fünf Reiki Weisheiten

Ärger

Heute ärgere dich nicht,
du wirst dann nicht krank
und bleibest auch schlank.

Sorgen

Heute leb´ ohne Sorgen,
dann vergehen sie
bestimmt auch morgen.

Arbeit

Nur heute arbeite hart.
Es gibt nicht nur Geld,
auch das Ergebnis gefällt.

Dankbarkeit

Heute sei dankbar.
Dann wird dir klar sein,
du bist nicht allein.

Freundlichkeit

Nur heute sei freundlich,
denn Freundlichkeit strahlt zurück.
So mehrst du dein Glück.

Reiki am Abend

Zum ersten Mal im Reikikreis
da werden einem die Hände heiß.
Die Beine werden schwach.
Des Meisters Stimme hält uns wach.

Zum ersten Mal Reiki von fremder Hand,
man fühlt sich versetzt in ein anderes Land.
Wundervoll wird die Wärme gespürt.
Verborgene Gedanken werden aufgerührt.

Gedanken fließen, gute und schlechte.
Reiki verhilft allen zu ihrem Rechte.
Es ist so schön, man glaubt es kaum.
Schöner noch als ein schöner Traum.

Universelle Lebensenergie

Das Leben besteht nie
ohne Reiki, die Lebensenergie.
Mund, Auge und Ohr
sind für diese Energie ein Tor.

Doch wer die Mudras und Mantras kennt,
mit seinen Händen bannt er das Element.
Durch die Haut dann der Mensch empfängt
Lebensenergie durch Zeichen gelenkt.

Reiki aus den Händen des Geweihten fließt
und sich in den Nehmenden ergießt.
Die Auren von beiden, getrennt sind sie nicht.
Durch beide strömt helles, belebendes Licht.

Geben kann´s nur, wer vom Meister geweiht.
nehmen kann es Jeder zu jeder Zeit.
Wer einmal die Kraft von Reiki gespürt
die Erinnerung daran niemals verliert.

Aufstieg und Abstieg

Lange dauert der Aufstieg auf den Berg
sowohl beim Riesen wie auch beim Zwerg.
Leicht, schnell und munter
geht es dann hinunter.

Langsam Punkte beim Skat gewonnen
schnell sind sie beim Verlieren zerronnen.
Weil: Der Gewinn nur einfach zählt.
Man beim Verlust aber doppelt zählt.

Geld verdienen ist schwer und dauert.
Beim Geldausgeben man erschauert.
Weil: man erfährt sogleich
man wird schneller arm als reich.

An diesen Beispielen ist zu sehen:
Sehr schnell kann es nach unten gehen.
Deshalb: Im Leben pass gut auf.
Runter geht es schneller als hinauf.

Heimatstadt

Fast allen ist´s bekannt
die Heimat ist das Land.
Ich aber wohn in einer Stadt
die vieles schon erduldet hat.

Komm ich aus der weiten Welt
in der mich nichts mehr hält
in meine schöne Stadt zurück
befällt mich Wiedersehensglück.

Ich fühle mich geborgen
vergesse meine Sorgen.
Sie ist ein alter Kamerad.
Berlin ist meine Heimatstadt.

Berlin meine Heimatstadt

Einst ein Fischerdorf
mit Sumpf und Torf.
Dann eine Stadt.
Dann Kurfürstenstadt.
Dann der Könige von Preußen Stadt.
Dann der deutschen Kaiser Stadt.
Dann der Deutschen Hauptstadt.
Dann Reichshauptstadt.
Dann Trümmerstadt.

Dann geteilte Stadt.
Dann Bundeshauptstadt.
Seit ich lebe: meine Heimatstadt.

Deutsche Sprache

Deutschland , bekannt seit über tausend Jahren
hat viel Gutes und Schlechtes erfahren.
Aber aus den Mundarten auf diesem Gebiet
entstand nicht mal ein gemeinsames Lied.

Dann kam der Doktor Martin Luther.
Er wurde der deutschen Sprache Mutter.
Mit der Übersetzung der heiligen Bibel
Beendete er das sprachliche Übel.

Seitdem brachen gleichsam die Dämme
und es verstehen sich die deutschen Stämme.
In dieser Sprache so ausdrucksvoll
kann jeder sagen was er will oder soll.

Soll sie auch künftig weiter bestehen
müssen die Deutschen sie hegen und pflegen.
Die Sprache ist das verbindende Band
in unserem schönen Heimatland.

Ausschlussverfahren

Klug, überzeugt und ehrlich.
Zwei davon heben das Dritte auf.
Macht Euch selber einen Reim darauf.

Birke

Eine Birke hoch
Leuchtet weiß und herbstlich gelb
Wunderbar mich an.

Unter den Zweigen

Unter den Zweigen
Der Kirschbäume in Blüten
Fühlt sich keiner fremd

Briefeschreiben

Schreibe ruhig einen Brief in Rage,
wenn er dir wichtig ist wie Gage.
Einen Tag lass ihn dann liegen,
um seinen Inhalt abzuwiegen.
Das erspart dir Ärger und Blamage.

Einkauf

Wenn nichts mehr in der Seele brennt
die liebe Frau ins Kaufhaus rennt.
Dort gibt sie sehr viel Geld aus
und kommt mit sehr viel Plunder raus.

Geiz

Sparen in der Jugend
ist eine schöne Tugend.
Im Alter wird sie Geiz
verliert dann ihren Reiz.

Da kannst Du bis an dein Lebensende dein eigener Buchhalter sein

Aus dem Sozialismus raus,
aus dem Realen.
In den Kapitalismus rein,
in den Fatalen.

Jetzt gibt es alles
was dir gefällt.
Es fehlt dir nur eines:
Das ist das Geld.

Ein halbes Jahr
Steuern von deinem Lohn.
Ein halbes Jahr
bekommst du nichts davon.

Quittungen aufheben
zum Steuern erklären.
Sie werden dir vielleicht
eine Rückzahlung gewähren.

Alles Papier abheften
wie in der Buchhalterei.
Das wächst sich aus
zur Papiersklaverei.

Da kannst du noch so laut schrein.
Bis an dein Lebensende
kannst du, nein du musst
dein eigener Buchhalter sein.

Unzufriedenheit

Vielen ist es anzusehen,
wenn Wünsche in Erfüllung gehen.
Unzufrieden seh´n sie aus
bleibt die Wunscherfüllung aus.

Auf Wünsche einfach mal verzichten
wird die Unzufriedenheit vernichten.
Dann ist man mit sich im Frieden
und nicht mehr so unzufrieden.

Ärger

Es heißt: Ich ärgere mich.
Der Grund liegt in dir.
Darum ärgere dich nicht.

Draußen und Drinnen

Draußen ist es trüb.
Das hat mich früher betrübt,
Doch heute nicht mehr.

Wichtiger ist es,
ob die Sonne drinnen scheint.
Dort leuchtet sie hell!

Das Erpetal im Sonnenschein

Die Sonne scheint auf das Erpetal.
Der Anblick ist phänominal.
Dort jagen schon Hunde um die Wette,
wenn Menschen liegen noch im Bette.

Der goldene Mittelweg

Der kürzeste Weg führt übern Grat.
Gefährlich ist er, ein steiler Pfad.
Der weiteste Weg führt durch das Tal.
Er ist dornenumrankt und oft sehr schmal.

Ein Weg liegt dazwischen,
den solltest du erwischen.
Er ist auch ziemlich weit,
dafür aber glatt und breit.

Menschen, die seine Vorzüge kannten
den goldenen Mittelweg ihn nannten.
Auf ihm hatten sie ihr Ziel erreicht.
Die Wanderung war schön und leicht.

Stets bist du auf dem richtigen Steg
nimmst du den goldenen Mittelweg.
Der Spruch stammt zwar aus China
gilt aber auch in unser´m Klima.

Auch auf dem Mittelwege warten
Hindernisse, verschiedener Arten.
Kannst du mal nicht weitergehen
bleibst du einfach stehen.

Doch bleibe in der Mitte stehen.
Neuen Übeln kannst du so entgehen.
Woll´n sie dich von vorn erreichen
hintenraus kannst du entweichen.

Machen die Übel Finten
und kommen von hinten
zu dir auf ganzer Breite,
trittst du einfach nur zur Seite.

Du hast bei vielen Gelegenheiten,
im Frieden und erst recht beim Streiten
den besten Platz in der Zeiten Lauf
hältst du dich in der Mitte auf.

Ein Freund ist verstorben

Die Todesnachricht ist eingetroffen.
Mein Herz wird mir schwer.
Bald bin ich selbst betroffen.
Das belastet mich sehr.

Ich bin voller Trauer.
und trüber Gedanken
die wie Efeu eine Mauer
meine Seele umranken.

Doch es gibt eine frohe Kunde:
Schwermut führt nicht weiter!
Nutze jede Lebensstunde
nimm das Leben heiter!

Liebe, Leid und Tod

Des Lebens Ende unerbittlich droht
jeden ereilt einmal der Tod.
Da hilft kein Sträuben und kein Jammern,
kein an das Leben Klammern.

Alles Schöne hält uns am Leben fest.
Die Liebe ist des Lebens schönstes Fest.
Sie macht den Abschied schwer,
die Liebe wollen wir nicht geben her.

Geht es in die letzte Runde
und schlägt des Todes Stunde
Wird uns schwer die Brust
aus Angst vor dem Verlust.

Kleine Leiden würden wir ertragen
gern in unseren letzten Tagen.
Gern würden wir sie auf uns nehmen,
um ein bisschen noch zu leben.

Leiden wir jedoch zum Schluss
im Übermaß, im Überdruss
dann haben die Leiden zuletzt erreicht
dass der Abschied fällt uns leicht.

Gevatter Hein

Gern lässt man ihn nicht herein.
Noch lange sollte er ferne sein.
Manchmal denkt man schon an ihn.
Ganz selten sieht man von weitem ihn.

Ob im Dunkel der Nacht oder in des Tages Licht,
ob man ihn einlassen will oder auch lieber nicht,
ob man bekannt ist und steht im Rampenlicht,
oder unbekannt, nur ein ganz kleiner Wicht.

Er lässt sich auf Verhandeln nicht ein.
Wann er kommt, bestimmt er allein!
Die Mauer kann hoch und aus Stein,
das Tor sicher verschlossen sein.
Gevatter Hein schafft es immer hinein.

Akrostichon für Désiree

D u stehst im Sportclub hinter dem Tresen.
E ngelhaft lächelst du den Gästen entgegen,
S anft und freundlich, so wie dein Wesen.
I nsgeheim nur, offen gesteh´n sie´s nicht ein,
R omantisch beginnt sich ein Wunsch zu regen:
E in Lächeln von deinen Lippen - für sie allein.
E in Lächeln für Alle ist trotzdem ein Segen.

Dialektik

Hildegart von Bingen
fand bei ihrem Wahrheitsringen
zu jedem Gedanken
einen Gegengedanken.

Kompliment

Erfolgreich eine Seele streicheln
heißt sie mit Wahrheit zu umschmeicheln.

Eine Frage geht mir nicht aus dem Sinn.

Eine Frage geht mir nicht aus dem Sinn.
Warum ich geboren bin?
Warum ich nicht ein Anderer geworden bin?
Warum nicht mein Bruder?
Warum ich, mit all meinen Gedanken,
die sich um das Wunder des Lebens ranken.

Wo komme ich her?
Wo gehe ich hin,
wenn ich einstmals gestorben bin?
Hat das alles überhaupt einen Sinn?

Auch Andere haben herumgeraten
und versucht eine Antwort zu geben:
Es gibt keinen Sinn, nur sinnvolle Taten!
Egal was wir denken oder was wir erstreben.
Eine befriedigende Antwort wird es nicht geben!

Streit um die Seelen

Es ist nicht zu verhehlen
der Teufel will die Seelen.
Nach religiösem Brauch
will Gott sie auch.

Streit

Da unter Streit man leidet,
man besser ihn vermeidet.

Streit vermeiden

Leben ist auch leiden.
Das lässt sich nicht vermeiden.
Jeder Streit
stiehlt uns knappe Lebenszeit.

Gestohlene Lebenszeit
verkürzet unsere Leidenszeit.
Bleibt man im Recht,
ist das auch nicht schlecht.

Doch in der langen Zeit
nach einem verzweifelten Streit
können sich die Streiter nicht mehr leiden.
Auch darum sollten wir den Streit vermeiden.

Widerspruchsverbot

Was sechshundert und vier geschehen
Kann man ganz leicht verstehen.
Im fernen Japan wechselte die Führung.
Ein neuer Prinz kam an die Regierung.

Wie auch in manchen andern Ländern
wollte der Prinz sein Volk verändern.
Es sollte gemäß seiner Verfassung leben
und deren Einhaltung anstreben.

Aus siebzehn Punkten sie bestand.
Das Wichtigste der Verfassung am Anfang stand:
Die Anmut des Geistes ist das Wertvollste,
andern nicht zu widersprechen ist das Wesentlichste.

Diese Forderungen waren kaum zu fassen.
Wer wollte schon das Widersprechen lassen?
Widerspruch muss manchmal sein.
nur anmutig sollte man dabei sein.

Wer widerspricht, greift den anderen auch an.
Ob Anmut das verhindern kann?
Mit oder ohne Anmut kommt es zum Streit.
So war es schon zu jeder Zeit.

Was im Jahre sechshundert und vier
sollte auch gelten heute und hier!
Widersprechen ist meist nicht fein,
drum lasst es besser gänzlich sein.

Geschnatter

In aller Welt, so auch in unserm Land
ist das Geschnatter der Gänse bekannt.
Menschen können es leicht ertragen
denn Gänse haben sich nichts zu sagen.

Wenn Menschen ein Thema beraten
müssen sie mit Worten verraten
wie sie die anderen gedenken
auf ein Ergebnis hinzu lenken.

Will ein Sprecher die Hörer betören
müssen sie ihn erstmal hören.
Hören, was er zu sagen hat.
Das Verstehen findet dann erst statt.

Wenn alles durcheinander schnattert
sind stille Menschen nur verdattert.
Sie verstehen die andern einfach nicht.
Da hilft auch nicht ein Geisteslicht.

Alle können zwar gemeinsam singen,
die eigene Meinung muss allein erklingen.
Erst nach der Worterteilung sprechen!
Durcheinander schnattern wird sich rächen!

Ganzkörpertraining

Gehirn und Muskeln sollte man trainieren,
um Hirnleistung und Kraft zu generieren
am Tisch mit Rätselraten,
im Garten mit dem Spaten.
Dann kann nichts Schlimmes mehr passieren.

Sudoku

Im Alter oder schon früher, kann es passieren
dass Menschen an Gedächtniskraft verlieren.
Man weiß von alters her
Rätselraten hilft dagegen sehr.
So kann man Gedächtnisschäden reparieren.

Der Hirnforschung fiel schon vor Längerem ein,
außer Gedächtnis muss da noch was anderes sein.
Sich auf Zahlen konzentrieren
und sie richtig kombinieren
trainiert man mit Sudoku. Das ist auch sehr fein.

Gedanken zum Abitur

Das Abitur gemacht,
die Reifeprüfung geschafft!
Das ist kein lästiges Drumherum,
denn es berechtigt zum Studium.

Wer dann an der Universität
seine Prüfungen besteht
und erreicht einen Titel ohne Tadel
gehört fortan zum Geistesadel!

Das hebt ihn heraus aus der Masse!
Die Ursache seiner geistigen Klasse
aber liegt im Keim der ihm mitgegeben.
Mit Glück kann er dann Erfolge erleben.

Geschnitzt aus hervorragendem Holz
erfüllt ihn berechtigter Stolz.
Nicht überheblich aber auch nicht klein;
liebevoll und freundlich sollte er sein.

Geheimnis

Sprechen wir davon, riecht jeder gleich den Braten
und das Geheimnis ist schon halb verraten.
Verraten wir das Geheimnis auch nur einem Vertrauten,
auf dem Markte könnten wir es gleich verlauten.

Geheim bleibt ein Geheimnis nur
mit einer ganz einfachen Tour.
Man darf nicht darüber sprechen.
Alles andre wird sich rächen.

Gier

In der Menschen Seele
wohnt ein böses Tier.
Pausenlos gibt es Befehle.
Es ist der Menschen Gier.

Nichts ist ihm genug
Immer will es mehr.
Auch gerne mit Betrug.
Hinter Allem ist es her.

Nicht nur hinter Nützlichem.
Bevorzugt wird ein Feld;
und das überaus extrem:
Ramschen nach mehr Geld!

Die Gier denkt an die Folgen nicht,
ob sie nützen oder schaden.
Nie geht ihr auf ein Licht.
Selbst wenn Pleite geht ihr Laden.

Glück

Glücklich macht nicht was man erreicht,
sondern dass man es erreicht.

Leben auf Erden

Der Mensch fragt sich fast jeden Tag:
Was soll aus uns bloß werden?
Zufrieden sei mit jedem Tag.
Das Leben ist schön auf Erden.

Zeit ist relativ

Langsam schleicht sie dahin beim Warten,
beim Anstehen nach Theaterkarten.
Doch: Sobald etwas Schönes wir beginnen,
fliegt sie rasend schnell von hinnen.

Der Lebensbaum im Wuhletal

Heute sah ich einen Lebensbaum
Von einer ganz besonderen Art.
Er stand an meines Weges Saum.
Er war nicht aus Holz und grün,
Nein, auf blaue Steine hart
Milde das Sonnenlicht schien.

Auf jeder Seite der Steine
Stand der Lebensweisheiten eine.
Von berühmten und unbekannten Namen
Die hier gleichberechtigt zu Worte kamen.

„Das Leben ist des Lebens Sinn", hieß es gewitzt.
„Man lebt nicht wie man will, sondern wie man kann."
Dieser Spruch war daneben eingeritzt.
Den Lebensbaum kann jeder sehen
Und alles lesen, was steht daran.
Er muss nur ins Wuhletal gehen.
Der Lebensbaum hat mir gut gefallen.
So wird es ergehen - fast allen.

Lotterbuben

Nicht nur ihre Stuben
verdrecken Lotterbuben.
Sie hinterlassen auf ihren Touren
auch draußen ihre Spuren.

Nicht nur auf ihrem eigenen Hof
fällt aus ihren Händen Dreck.
Auch auf dem Ostbahnhof
werfen sie ihn einfach weg.

Einwickelpapier, Zigarettenkippen,
herabgefallen von den Lippen,
halbe Donats und mehr
liegen regellos umher.

Ein Mülleimer, wie auf einem Thron,
steht nur drei Schritt entfernt davon.
Der winzige Weg ist ihnen zu weit,
einer ist so faul als wäre er zu zweit.

Menschenkörung

Ob auf dem Reitplatz oder auf der Heide
Pferde sind einfach eine Augenweide.
Zugelassen wird ihre Vermehrung
erst nach einer strengen Körung.
Sieht man sich dagegen Menschen an,
erstaunt man, wer sich so vermehren kann.

Ein Wunsch geht um die ganze Erde:
Wären Menschen doch so schön wie Pferde.
Gesund und kräftig und dabei schlank
schritten sie einher im stolzen Gang.
Dieser Traum erfüllt sich schwer.
Wahrscheinlich muss die Körung her.

Reiten

Auf dieser schönen Erde
gibt es Menschen, gibt es Pferde.
Zu reiten auf ihrem Rücken
ist ein riesiges Entzücken.
Doch um sie gut zu pflegen
mühevoll muss man sich regen.

Meteorologen

Meteorologen sagen dass Regen kommt.
Manchmal aber es auch anders kommt.
Dann haben sie gelogen
die schlauen Meteorologen.
Wer weiß schon ob, wann, was, wie kommt.

Trübes Wetter

Oben die Sonne.
Durch die Wolken sieht man sie nicht.
Daraus regnet es.

Papier

Papier bedruckt oder mit bunten Bildern
füllt unseren Briefkasten, kaum zu schildern.
Das Leeren und das Lesen
ist es noch nicht gewesen.
Es muss auch wieder weg, sonst wird die Wohnung noch verwildern.

Altpapier

Im Briefkasten ist wieder mal Papier
Dabei haben wir schon soviel hier.
Lesen, behalten und sortieren,
bloß nicht den Überblick verlieren.
Dabei wird es, heute noch nicht, aber später, Altpapier.

Geburtstag

Einen Geburtstag feiern das ist schön
für die Gäste, die dorthin gehen.
Die Hausfrau muss sich leider plagen
Wie sonst an allen Wochentagen.
Am Ende freut auch sie sich auf das nächste Wiederseh'n.

Pfusch

Husch, husch, husch
fertig ist der Pfusch.

Macht man etwas schnell
sind Fehler gleich zur Stell.

Nur selten wird es gut,
wenn man schnell was tut.

Husch, husch, husch
fertig ist der Pfusch.

Pünktlichkeit

Pünktlichkeit ist eine Tugend,
nicht nur im Alter,
auch in der Jugend.

Früh in der Schule fing es an.
Pünktlich beginnt der Unterricht.
Ein Schüler kommt zu spät heran.

Später im Leben, es ist wie zugenäht.
Reisebeginn, Sitzung, Treffpunkt.
Einer kommt immer zu spät.

Die Ausreden sind dieselben immer:
Musste umsteigen, habe den Zug verpasst.
Manchmal sind sie noch schlimmer.

Früh genug losgehen!
Dann kann Verspätung
einfach nicht geschehen.

Rabulist

Egal ob seine Meinung richtig ist,
zufrieden ist der Rabulist
erst, wenn der Gegner kapituliert
und kein Gegenwort verliert.

Smartphone verschwunden

Oft schon war mir ein Ding entschwunden.
Meist habe ich es wieder dann gefunden.
Heute erreichte mein Verlieren einen Gipfel.
Von meinem Smartphon sah ich keinen Zipfel.

Ich durchsuchte alle meine Taschen,
rückte aus mancher Ecke auch noch Flaschen.
Ergebnislos war all mein Suchen.
Ich begann bereits auf mich zu fluchen.

Da fiel als letzte Möglichkeit mir ein.
In meinem Auto könnte es geblieben sein.
Erwartungsvoll schloss ich auf die Tür,
doch kein Smartphon trat daraus herfür.

Mein Herz rutschte in die Hosen.
Lauthals fing ich an zu tosen.
Dann wollte schließen ich den Schlag.
Kess grinst das Smartphon in den Tag.

Versteckt zwischen Sitz und Rahmen
seine Umrisse zu Tage kamen.
Grenzenlos war ich darüber froh.
Mein Herz hüpfte mehr als sonst, so, so.

Handykratie

In unserm wunderschönen Land
fast alle haben eins zur Hand.
Auf den Straßen und in der Bahn
schalten sie das Smartphone an.

Die Technik zog in unser Leben ein.
Das fanden ziemlich alle fein.
Mit dem Rundfunk fing es an.
Nachrichten hörte bald jedermann.

Kaum einer schaltete das Radio aus.
Es schallten Sendungen durchs ganze Haus,
Wer an das Radio tat die Pfoten
wurde langsam zum Radioten.

Als Filme wurden dann erfunden,
im Kino verbrachten Viele, viele Stunden.
So entstanden in fast allen Staaten
die sogenannten Kinomaten.

Mit dem Fernseher dann, oh Graus
kamen die Filme auch ins Haus.
Aus den Radioten und Kinomaten
wurden langsam Televisiomaten.

Zum Schluss erfand man dann
das Smartphone, das fast alles kann.
Viele begleitet es, an jeden Ort
manche sogar auf den Abort.

Zapft man an das Internet
draußen oder auch im Bett.
kann man sich informieren,
Musik hören, Fernsehen und fotografieren.

Es steht fast jedem Mann bereit,
doch nervt es uns auch jederzeit.
Viele haben weiter nichts im Kopf
als das Drücken auf den Einschaltknopf.

Das Smartphone, es ist schon zu erraten
verwandelt uns in Handymaten.
So schlimm war es noch nie.
Wir leben in der Handykratie.

Recht und Gerechtigkeit

Der weise Richter ist ein Mann
der zweierlei verbinden kann.
Das geschriebene Recht ihn leitet,
die Gerechtigkeit ihn stets begleitet.

Zwischen den Menschen verlief noch nie
das Zusammenleben in Harmonie.
Zu oft kam es zum Streit.
Der führte dann zum Leid.

Zu vermeiden wäre dieser Streit
mit dem Grundsatz der Gerechtigkeit:
„Was du nicht willst, das man die tu,
füge auch nicht andern zu."

Mit ihrer Macht können die Starken
willkürlich die Schwachen beharken.
Weise Menschen fanden das schlecht.
So schrieben sie auf, was sie hielten für Recht.

Nun steht das Recht in Buchstaben
an die die Richter sich zu halten haben.
Wie viel Gerechtigkeit darinnen steckt,
bleibt manchmal völlig unentdeckt.

Es erhebt sich oft die Klage,
manchmal nur als bange Frage:
Ist das Urteil wirklich auch gerecht
oder entspricht es nur dem Recht?

Stimmungsvoll das Leben erleben

Gefühle und denken gemeinsam weben
die Stimmung in unserem Leben.
Schnell der Augenblick entschwebt
wird er nicht bewusst erlebt.

Hat er uns angenehm durchdrungen,
ist ein Gefühl aus ihm entsprungen.
Nicht Freude nur, leider auch Schmerzen
landen oft in unseren Herzen.

Was auch immer wir erleben,
manches kann die Stimmung heben,
manches kann sie senken.
Bewusst lässt sie sich lenken.

Immer lasst uns streben
stimmungsvoll zu leben.
Unser Ziel muss sein:
Bewusst zufrieden sein.

Am Grabe der Eltern

Heut war ich an Eurem schneebedeckten Grab.
Im Stehen blickte ich auf den Grabstein herab
und auf die beschneiten Pflanzen davor.
Kühle Luft über allem, öffnete zu Euch das Tor.

In meiner Erinnerung waret Ihr gar nicht bleich.
Nein, wie lebendig sah ich Euch.
Ich sprach mit euch, als wäret ihr noch am Leben.
Nur konntet ihr keine Antworten mir geben.

Ich dankte euch für mein schönes Leben
Am liebsten möchte ich es niemals hergeben.
Ich sagte, dass ich euch immer noch liebe
genau wie ihr mich und dass das immer so bliebe.

Wer andere liebt, sollte es ihnen zeigen auch.
Früher hatte ich vernachlässigt diesen Brauch.
Diese Einsicht machte mich furchtbar traurig.
Die Reue darüber durchfuhr mich schaurig.

Euch zur Freude sprach ich von einer Reise.
Zum Skifahren geht es, mit meinem Enkelsohn.
Über meine Haut rieselte ein Schauer leise.
Das war eure Antwort, sie war mein Lohn.

Ich sagte ade und wendete mich ab.
Da rieselte nochmals ein Schauer herab.
So stark, ich konnte mich kaum halten.
Es war, als wolltet ihr mich bei Euch behalten.

Saunawunsch

Krankheit tropft aus mir heraus,
ich schwitze alle Krankheit aus.

Vergleich mit Anderen

Dauernd lockt uns ein Vergleich.
Ich bin arm und du bist reich.
Du bist gerade, ich bin krumm.
Ich bin schlau und du bist dumm.

Du bist groß und ich bin klein.
Ich bin schmutzig, du bist rein.
Du bist träge, ich bin wach.
Ich bin stark und du bist schwach.

Du bist schlechter, ich bin besser.
Ich bin schlechter, du bist besser.
Du kannst dies und ich kann das.
Beiden macht es gleich viel Spaß.

Lockt Euch wieder ein Vergleich,
haltet ein und denkt sogleich:
Ob groß, ob klein, ob arm, ob reich
am Ende sind wir alle gleich.

Das Vergleichen bringt nichts ein,
lassen wir es deshalb sein.
Ich bin ich und du bist du,
so hat jeder seine Ruh.

Völkerschlacht bei Leipzig

Die Franzosen waren ihrer Adligen leid.
Sie wollten Freiheit, Gleichheit, Brüderlichkeit.
Diese Ideen verfälschte ein kleiner Mann.
Mit seinen Nachbarn fing er Kriege an.

Das ging auch eine Weile gut,
floß meistens doch der Anderen Blut.
Bis er in Russland sich verrannte,
dessen Weiten er verkannte.

Napoleon, der selbst ernannte Kaiser,
wurde danach etwas leiser.
Doch wie viele kleingewachsene Leute,
wollte er nicht hergeben seine Beute.

Bei Leipzig in einem sehr blutigen Reigen
mussten die Völker ihm seine Grenzen zeigen.
Zu Ende ging sein Rausch, sein blutiger.
Preußen und Russen wurden immer mutiger.

In Russland hatte er sich verkalkuliert,
nach Leipzig noch nicht kapituliert.
Noch andre Schlachten mussten ihn belehren
als Verlierer schließlich heimzukehren.

Nicht auf Freiheit, Gleichheit, Brüderlichkeit
hatte er geschworen einen Eid.
Sein Streben war die eigene Macht
Europa hat es Leid und Tod gebracht.

Wartezimmer

Sprich von deiner Krankheit nicht
in diesem Wartezimmer.
Erlaub es auch den Andern nicht,
sonst wird es nur noch schlimmer.

Warum Männer so gerne …

Geboren aus der Mutter Schoß
mit einem ziemlich groben Stoß
aus weicher, warmer Geborgenheit
in eine harte, kalte Scheußlichkeit.

Seinen Hunger und seinen Durst
stillt er dann an seiner Mutter Brust.
Weich und warm ist diese Brust.
An ihr saugt er sich satt mit Lust.

Er wächst heran in der harten Welt.
Er findet eine Frau die ihm gefällt.
Bei ihr findet er, was er nie vergessen
seit jenen Tagen aber nie mehr besessen.

An ihrer weichen, warmen Brust
kann er lutschen voller Lust.
Auch die Freude über ihren Schoß
lässt ihn einfach nicht mehr los.

Tauchen möchte er in ihn hinein
und – ganz - für immer drinnen sein.
Leider gelingt ihm dieses Glück
nur mit einem kleinen Stück.

Jeder macht es anders

Jeder macht es anders.
Jeder glaubt er kann das.
Jeder glaubt er macht es gut,
wenn er fühlt die Liebesglut.

Manchmal trügt sein Eindruck
wenn zu früh sein Rückzug.
Von ihr wird letztlich festgestellt,
ob ihr seine Art gefällt.

Glaubt er, es war ganz schlecht,
war gerade das ihr recht.
Manchmal wird trotz aller Pracht
die Übung einfach schlecht gemacht.

Vorher weiß man leider nie
wie empfindet heute sie;
selbst wenn er weiß, er kann was.
Doch jeder macht es anders.

Wie ein Mann pinkeln soll

Auspacken
Festhalten
Zielen
Genießen
Abtropfen
Spülen

Drückt dich die Blase, suche das Klo im Haus.
Öffne die Hose und **packe ihn aus**.
Ziele genau und **halt ihn schön fest.**
Erlebe wie sich das Pinkeln **genießen** läßt.
Bald ist die Blase, doch die Röhre nicht leer.
Es kommen noch ein paar Tropfen daher.
Vollständig ohne Eile **tropft´s du sie ab**.
Danach drückst du den **Spülknopf** herab.
Entleert und erleichtert trittst du zurück.
Wasser und Seife sind auch da - zum Glück.

Weltverbesserer

Vieles lässt sich schwer ertragen.
Um das zu ändern, fingen dann
viele mit dem Denken an.
Analytiker und Kritiküsse
knackten so die dicksten Nüsse.
Sollten sie den Menschen aber sagen
wie man was verbessern kann,
meistens sie daneben lagen.

Zusammensein

In diesen schlimmen Erdentagen,
in denen Völker sich verjagen,
in denen dauernd etwas droht,
am Ende gar ein schlimmer Tod.

Wie schön ist es in diesen Tagen,
wenn Menschen sich vertragen,
sich miteinander freuen,
auch Zärtlichkeit nicht scheuen.

Reden, trinken, lachen,
Schönes miteinander machen.
Solch ein Zusammensein,
in dieser Zeit, muss einfach sein.

Wörter, die man nicht gebrauchen sollte

Niemals, alle, alles, keiner, nichts und immer,
machen eine Rede noch viel schlimmer.
Niemals bekomme ich mein Recht
behaupten kann nicht mal ein Knecht.
Alle lieben nur das Geld.
Manche lieben auch ihr Zelt.
Alles ist total verdreckt.
Sauberes wird auch entdeckt.
Keiner wusste hier Bescheid.
Den Bahnhof fand die Adelheid.
Nichts kann man dagegen machen.
Vielleicht kann man darüber lachen.
Immer werde ich ganz vorne sein,
fällt nicht mal dem Besten ein.

Absolute Wörter treffen selten zu.
Lass sie oder füg ein Wort hinzu.
Ein Wort das meistens dazu passt,
das ist das kurze Wörtchen fast.

Eigenes Maßband

Es misst der Mensch in jedem Land
mit dem ihm eignen Maßband.
Entsprechend dessen Länge nur
begreift er Menschen und Natur.

Zwei Seiten

Das lernt man schon beizeiten:
An jedem Ding gibt es zwei Seiten.
Man will sich an der Guten laben,
doch sie ist nicht allein zu haben.

Darum auf beide Seiten achten,
und nicht nur nach der Guten trachten.
Tun oder nicht tun ist dann oft die Frage,
die entscheidet über Freude oder Klage.

Falscher Plural

Beim Sprechen zeigt sich klar
ob einer in der Schule war.
Spricht einer nicht im ganzen Satz
ist oft der Inhalt für die Katz.

Falsch verstehen ist meist nur lustig.
Falsch sprechen aber überhaupt nicht lustig.
Ganz schlimm wird es bei fremden Worten.
Dabei sind viele Fehler zu verorten.

Eigentlich will man es nicht glauben:
Wer reinigt weg den Dreck von Tauben
soll das mit Syphilisarbeit erreichen,
doch sollte sie des Sisyphus nur gleichen.

Fremde Wörter im falschen Plural
sind für geschulte Ohren eine Qual.
Ein einzelnes Visa für Ekuador
verlangt am Schalter nur ein Tor.

Gegen meine Krankheit erhielt ich
das Antibiotika dort auf dem Tisch.
Diese Mitteilung ist ein Graus.
Man plaudert doch keine Internas aus.

Ganz schlimm hört sich an:
Bitte Visas für sieben Mann.
Das Alles ist wirklich schon passiert.
Nur selten wird damit ein Witz kreiert.

Raucher

Der Raucher ist ein Mann,
der das Rauchen nicht mehr lassen kann.
Er qualmt hintereinander
bringt damit manches durcheinander.
Seine Haut ist gelb und nicht schön rot.
Das bleibt so, bis zu seinem frühen Tod
am Krebs des Rachens oder den der Lunge
vielleicht auch nur am Krebs der Zunge,
oder an einem kranken Herzen,
das ihm bereitet starke Schmerzen.
Vorher leidet er schon beizeiten
an manchen anderen Krankheiten.
Auch seine Leistung leidet
falls er sich für Sport entscheidet.

Ausreden er für sein Rauchen sucht
Was ihn wirklich treibt ist seine Sucht!

Anstelle eines Nachwortes

Schreibstörung

Hör ich schöne Lieder
möcht ich schreiben wieder
ein klingendes Gedicht.
Doch fällt mir gar nichts ein.

Nichts keimt in meiner Brust.
So wächst in mir der Frust.
Es leuchtet mir kein Licht.
Es fällt mir gar nichts ein.